Weil eine Welt mit Geschichten eine
bessere Welt ist.

Désirée R. Wagner

Liebes Tagebuch, das ist Schwachsinn.

Life is a story

schreib's auf
story.one

1. Auflage 2021
© Désirée R. Wagner

Herstellung, Gestaltung und Konzeption:
Verlag story.one publishing - www.story.one
Eine Marke der Storylution GmbH

Gesetzt aus Crimson Text und Lato.
© Fotos: Cover: unsplash.com, Innenseiten: unsplash.com & pixabay.com

Printed in the European Union.

ISBN: 978-3-99087-488-2

„Wer immer tut, was er schon kann, bleibt immer das, was er schon ist." -
Henry Ford

INHALT

01. Mai 2013

Liebes Tagebuch,

das ist doch Schwachsinn. Genauso gut könnte ich zur Therapie gehen, aber dort war ich ja schon. Ihre Schuld ist es überhaupt, dass ich das hier schreibe. Ich soll meine Gefühle und Taten notieren, um zu erkennen, inwiefern ich mich verändern kann. Meine Mitmenschen meinen, ich sei zu missmutig, wobei sie damit völlig falsch liegen. Sie sind diejenigen, die ein Problem haben. Nicht ich. Und trotzdem sitze ich jetzt hier mit diesem bordeauxroten Notizbuch (ich muss mir eingestehen, das ist meine Lieblingsfarbe). Es ist nicht einmal liniert, wie ich es bevorzuge, sondern kariert. Welcher Mensch schreibt auf kariertem Papier? Dreck.

Jedenfalls wird mir wohl nichts anderes übrig bleiben als dem fast schon Befehl meiner Therapeutin zu folgen. Ich habe mir Hilfswörter notiert, die sie mir vorgeschlagen hat, wie ich beginne und was ich schreibe, damit es kein Beschwerdebuch wird. Gerne würde ich es diesen Mitmenschen zu Lesen geben, damit sie wissen, wo sie bei mir stehen.

Hilfswörter nach meiner Therapeutin Mag. Elisabeth Lugner (von mir auch gerne Elisa genannt, wenn ich mich gerade bei ihr einschleimen möchte):

Vorstellung: Ich solle mich dir vorstellen als wäre ich eine fremde Person. Dem werde ich folgend nachgehen, denn anderes wird mich nicht übrig bleiben.

Ich heiße Frank Wedermann. Mann, nicht Kind wie etwa Frank Wedekind. Mit einem r dazwischen. Definitiv nicht mit ihm zu verwechseln, ich kann nicht ansatzweise so gut schreiben wie er und mein Ziel ist es auch nicht, Schriftsteller zu werden, sondern nur dieses ... wundervolle, nützliche Tagebuch zu verfassen. Ich verweile seit 46 Jahren auf dieser Erde und bin Vater von zwei (mehr oder weniger) bezaubernden Kindern aus zwei in die Brüche gegangenen Ehen. Es hält wohl wirklich niemand mit mir aus, außer meine Wenigkeit selbst. Das ist mir ganz recht. Wie auch schon angeschnitten, sind die Leute um mich herum davon überzeugt, dass ich eine pessimistische und missmutige Person bin. Ich pflege immer zu sagen, das ist purer Realismus. Vielleicht gestehe ich mir irgendwann ein, dass durch jede meiner Adern Zyniker-Blut fließt. Solange es die besserwisserischen Leute um mich nicht bemerken, bin ich es nicht.

Entschuldige für einen Moment, der Postler verlangt nach mir.

So eben ist mein lang erwünschtes Modellauto „Tamiya VW Käfer m06 1" angekommen. Dieser mitternachtsblaue Lack ist grandios, passt perfekt in meine Sammlung. Ich sammle Modellautos für mein Leben gerne, was möglicherweise einer der Gründe für die Trennung mit meiner ersten Frau. Mehr Geld floss in für sie „dumme Spielzeugautos" als in unsere Tochter Anna. Aus meiner Sicht hatte sie alles, was sie brauchte. Aber das ist ein anderes Thema. Ich bin abgeschweift.

Mehr fällt mir zu meiner Person sowieso nicht ein. Außerdem verlangt mein roter Kater nach Futter, es ist wieder Zeit. Garfield ist äußert flauschig und ... kugelrund.

(Wie verabschiedet man sich denn am besten?) Auf Wiederschreiben!

08. Mai 2013

Tagebuch,

Schreckliches ist passiert. Elisabeth hat darauf
bestanden, meinen ersten Tagebucheintrag zu lesen. Sie meinte, sie müsse nachsehen, ob ich es
auch richtig mache, denn andernfalls würde es
mir nichts bringen. Was sollte ich anderes tun als
zu protestieren? Leider muss ich dir mitteilen, es
hat nichts genutzt und ich habe dich ihr für einen
zu langen Augenblick übergeben. Wie du
merkst, ich schreibe viel freundlicher als gestern
(ich hoffe, meine große Bemühung wurde bereits
registriert). Natürlich hat sie mir, nachdem jedes
Wort auseinandergenommen wurde, gesagt, dass
ich am besten alles neu schreibe. Nein, hat sie
nicht, sie ist Therapeutin, aber das hätte sie mir
gerne gesagt. Gesagt hat sie, dass es ein guter Start
sei und ich mich mehr auf die positiven Seiten
des Lebens konzentrieren solle. Der Absatz, in
dem ich von meiner Leidenschaft zum Sammeln
von Modellautos erzählt habe, hat ihr außeror-
dentlich gut gefallen. In allen anderen habe ich
mich regelmäßig über meine Mitmenschen be-
schwert, das hat ihr nicht so gut gefallen. Einen

Tipp hat sie mir für den nächsten (diesen) Eintrag mitgegeben: Ich solle diese Mitmenschen vorstellen, denn die fremde Person (du) würde mit Sicherheit nachfragen, in welcher Relation ich zu ihnen stehe, wie sie heißen, wer sie sind. Ich habe entgegnet, dass mich das keiner zu fragen trauen würde, aber darauf ist sie nicht mehr eingegangen. Mir bleibt also nichts anderes übrig; den heutigen Eintrag widme ich meinen Mitmenschen und bemühe mich dabei, nett zu bleiben, damit Elisa (Hallo an Sie!) mich bei unserer nächsten Therapiestunde nicht wieder tadelt (bitte haben Sie erbarmen mit mir).

Zu meiner Familie werde ich heute sehr wahrscheinlich nicht mehr kommen. Schließlich habe ich auch noch anderes zu tun und kann ebenso gut einen extra Eintrag zu meinen Ex-Frauen inklusive Kindern machen.

Anton Pichler, 54, Arbeitskollege, muss mich immer wieder aufs Neue provozieren. Man könnte mir widersprechen mit „er meint es nur gut", aber ich versichere dir, er macht es mit Absicht. Ich arbeite als Journalist (jetzt ist es raus, ein schmaler Grat zum Schriftsteller (doch eine Ähnlichkeit zu Frank Wedekind)) und Anton meint immer, meine Texte lesen zu müssen. (Bitte folgendes in nachäffender Stimme vorstellen) „Das Wort könntest du zu dem ändern und das sagt man heute nicht mehr und dort gehört kein Beistrich und ich hätte es besser geschrieben." Okay, letzteres nicht, aber er würde es mir gerne ins Gesicht sagen.

Katharina Haider, 36, Arbeitskollegin, genau das Gleiche mit ihr, muss ich nicht weiter darauf eingehen. Plus „lächle doch mehr, die Sonne scheint." Was soll das für eine Begründung sein? Die Sonne scheint jeden Tag im Jahr und deswegen hab ich auch nicht andauernd ein Lächeln auf den Lippen.

Von meiner Mutter muss/will/kann ich eigentlich gar nicht anfangen, damit könnte ich einen ganzen Roman füllen. Mein Vater im Gegenzug ist mir ganz sympathisch. Er spricht nicht viel.

15. Mai 2013

Mein liebes Tagebuch,

Ich entschuldige mich vielmals bei dir, dass ich letztes Mal so abrupt abgebrochen habe, aber ich habe eine gute Ausrede. Was heißt Ausrede? Ich habe einen guten Grund! Glaube es mir oder nicht, aber meine Mutter (wenn man vom Teufel spricht) hat mich angerufen und hysterisch erzählt, dass der Hund in den Pool gefallen ist. Du musst wissen, sie und mein Vater wohnen die Straße runter, weshalb ich alles stehen und liegen gelassen und mich auf den Weg gemacht habe. Mein Vater war zu dem Zeitpunkt mit seinen Freunden bowlen (das machen sie regelmäßig, haben mich aber noch nie gefragt, ob ich sie begleiten möchte, will ich auch nicht). Jedenfalls geht es dem Retriever gut (er heißt Patrick, meine Mutter hat eben keinen guten Geschmack was Namen angeht, das sollte bei meinem bereits aufgefallen sein) und er hat es überlebt. Schließlich können Hunde schwimmen, auch wenn ich mir da bei Pat nicht so sicher war (die paar Kilos zu viel kann ich ihm nicht verübeln). (Solltest du dich jetzt fragen, wie das bei mir aussieht; nein, ich habe keine paar Kilos zu viel, auch wenn es schwer vorstellbar ist, ich sportle regelmäßig.) (Dazu dürfen Sie gerne etwas sagen, Elisa.)

Apropos Elisa, sie hat eine neue Beschwerde an mich (und sie hatte kein erbarmen mit mir). Nämlich solle ich doch das Datum zu dem Eintrag notieren, damit ich später noch weiß, wann ich das geschrieben habe. Ich habe erwidert, dass ich das weder später lesen werde noch wissen will, wann das war. Trotzdem habe ich das Datum für die letzten Einträge nachgetragen, damit Mag. Elisabeth Ludwig zufrieden ist.

Jedenfalls bin ich gestern gar nicht mehr dazu gekommen, meinen langjährigen Freund Mike Steiner vorzustellen. Er ist ein Jahr jünger als ich, wir haben uns in der Volksschule kennengelernt, in der Mittelschule verloren und im Studium wieder gefunden. Seither sind wir (sozusagen) beste Freunde und Arbeitskollegen. Ohne ihn hätte ich dort wahrscheinlich schon lange gekündigt. Damit meine ich aber mit Sicherheit nicht, dass er mich nicht auch ab und zu mit sinnlosen Dingen aufzieht, ihn habe ich nur gelernt zu ignorieren und nicht ernstzunehmen.

Gehen wir zu meiner Familie über. Von meinen Eltern habe ich dir gestern bereits erzählt, also stelle ich jetzt meine erste Frau vor. Sie hat glänzend blonde Haare, die sich geschmeidig um ihre Schultern legen und kastanienbraune Augen. Eine faszinierende Kombination, wie ich finde. Sie hat mich betrogen, als unser Kind gerade in die Schule gekommen ist.

Meine zweite Frau war eine hübsche Brünette mit typisch giftgrünen Augen. Als wir uns verliebt haben, war ich noch ein junger, humorvoller Mann. Ich kann es ihr nicht übel nehmen, dass sie sich von dem mürrischen, alten Sack trennen wollte. Meine Gefühle hatten nach zwanzig Jahren Ehe ohnehin abgenommen und wir sind im Guten auseinandergegangen. Unser Kind war mit acht Jahren bereits alt genug, um zu verstehen.

Mehr Zeit habe ich heute leider nicht. Ich schreibe dir!

22. Mai 2013

Mein liebes Tagebuch,

ich muss dir leider gestehen, dass es nichts Neues gibt. Zumindest nicht allzu viel. Heute hätte ich dir gerne von einer meiner Aktivitäten erzählt, aber ich liege flach. In den letzten Tagen hat sich eine garstige Grippe unbemerkt an mich herangeschlichen. Als ich sie endlich bemerkt habe, war es bereits zu spät. Sogar mein Körper war völlig überrumpelt. Ein Wunder, dass ich mich überhaupt aufgerappelt habe, um nach meinem bordeauxroten (ja, das musste ich wiederholt erwähnen) Taschenbuch (dir) zu greifen und diese unwichtige Information niederzuschreiben. Andernfalls hätte ich mir von Mag. Elisabeth Lugner wieder etwas anhören können. So schlecht, dass ich kein Wort geschrieben habe, kann es mir nicht gegangen sein und so weiter und so fort. Sie hat mich nämlich gestern gesehen, eine Therapiestunde, kein Date natürlich, wobei ich dagegen ebenfalls nichts hätte. Ihre glänzenden, zuversichtlichen Augen verzaubern mich immer wieder aufs Neue und ... Was schreibe ich denn da? Mein Kopf dröhnt, meine

Gedanken kann man nicht ernstnehmen, entschuldige mich. Es ist nur … nicht wichtig.

Eine Kleinigkeit noch; ich soll mich in drei Tagen mit einer wunderschönen Frau treffen, ihr Name ist Marie. Ein sehr schöner Name, wie ich immer schon der Meinung war. Also drück mir fest die Daumen, dass ich bis dahin wieder pumperlgesund bin!

Garfield im Gegenzug verstärkt meine Faulheit und Trübheit, in dem er stundenlang auf meinen Beinen liegt und schnarcht – ja, er schnarcht, ganz wie mancher Mensch. Früher habe ich mir Sorgen um ihn gemacht, aber mittlerweile denke ich mir, er ist wahrscheinlich nur zu wohlgenährt, wobei wohl auch ich schuldtragender bin. Sechs Schüsseln pro Tag sind wohl definitiv zu viel, aber ich nenne es auch gerne „gesunder Appetit". Jedenfalls wollte ich gar nicht so ewig und drei Tage ausschweifen, sondern werde mich jetzt wieder unter meine weiche Bettdecke zurückziehen und dich hier neben meinem aschgrauen Fauteuil auf dem kleinen, runden Tisch einsam und alleine zurücklassen (ja, ich bin extra nur für dich in mein Wohnzimmer geschlendert, sei stolz auf mich).

Wir schreiben uns ... oder ich dir, andernfalls
wäre es seltsam und gespenstisch ...

29. Mai 2013

Liebstes Tagebuch,

du müsstest sehen wie fiebrig ich auf meinem ausgesessenen Fauteuil hin und her rutsche, um es mir zu glauben, denn für gewöhnlich kennst du mich ruhig und gelassen (gereizt und teilnahmslos), aber heute habe ich dir große Neuigkeiten zu erzählen. Wenn du mir das letzte Mal deine volle Aufmerksamkeit geschenkt hast, weißt du jetzt, dass ein Date geplant war. Ich hatte dich gebeten, mir fest die Daumen zu drücken und dieser Bitte bist du scheinbar nachgegangen (insofern das möglich ist), denn in weniger als drei Tagen war ich wieder gesund (oder zumindest äußerlich präsentabel) und konnte mich mit Marie tatsächlich treffen. Marie Hofer ist 39 Jahre alt und wir haben uns (sehr unromantisch) über eine Dating-App kennengelernt. Was soll ich sagen? Es war fantastisch. Sie ist hübsch, lustig, klug, alles, was ich mir jemals in einer Frau hätte wünschen können. Marie hat seidiges, hellbraunes Haar, das ihr bis zur Schulter reicht. Wenn sie ihren Kopf schwach zur Seite legt – was sie manchmal tut, wenn sie so vertieft in meine

Worte ist, dass sie alles um uns herum vergisst – streifen ihre gesunden, braunen Spitzen ihre schneeweiße Bluse, die sie an diesem Tag getragen hat. Ihre Augen sind ein angenehmes Blau, in dem ich mich stunden- und tagelang verlieren könnte …, wenn sie nur ebenso empfinden würde. Nämlich musste ich sie bestimmt zehn Minuten lang um den Finger wickeln, um sie dazu zu überreden, sich ein weiteres Mal mit mir zu treffen und mir somit eine zweite Chance zu geben. Sie hat schließlich schmunzelnd eingewilligt, mein Charme ist eben unwiderstehlich wie ich immer schon sage. Wir haben unser nächstes Treffen kommende Woche angesetzt, in einem bezaubernden Café, in dem man sich auch außen niederlassen kann. Es soll warm werden – ich habe mir extra die Wettervorhersage angesehen, bevor ich das Datum des 03.06. vorgeschlagen habe. Aber selbst sollte es regnen, habe ich einen Plan B parat, den ich vorerst nicht verrate.

Ansonsten habe ich von nicht viel zu berichten, da ich die letzten Tage noch im Bett geblieben bin und mit Garfield geschmust habe (hätte ich wohl gerne). Bei der kleinsten Berührung schlägt er mir mit ausgefahrenen (spitzen!) Krallen auf die Hand. Es vergeht kein Tag, an dem ich keine neue Kratzwunde verpasst bekomme.

Heute war ich trotz dessen bei Mag. Elisabeth Lugner, der ich auch gerne sofort stolz von meinem Treffen mit Marie erzählt hätte. Sie sagt mir jedes Mal aufs Neue, ich solle neue Menschen kennenlernen, um mehr Schwung in meinem Alltag zu erlangen und diese Genugtuung wollte ich ihr nicht vergönnen. Jetzt habe ich diesen Schwung und ich weiß nicht genau, wie ich ihm gegenüber stehe. So toll wie Elisa ihn immer beschreibt, erscheint er mir nicht, aber es ist eine angenehme Abwechslung, die noch Tage oder Wochen länger anhalten darf. Als Nächstes muss ich Marie unbedingt Garfield vorstellen, denn seine Meinung ist mir von großer Wichtigkeit.

Danke für deine Aufmerksamkeit!

03. Juni 2013

Liebes Tagebuch,

stelle dir meine Stimme bitte tief und gereizt vor, denn das entspricht meiner momentanen Laune. Womöglich hast du bereits bemerkt, dass heute nicht der übliche Mittwoch, sondern ein Montag ist. Jetzt gerade, in diesem Moment würde ich mit Marie den Donaukanal entlang schlendern und ihr mit Kommentaren schmeicheln, wie dass ihre Haare heute wieder bezaubernd aussehen oder ihr fliederfarbiges Kleid (zumindest trägt sie das in meiner Vorstellung) ausgezeichnet ihre himmelblauen Augen hervorhebt. Leider aber sitze ich einsam und alleine in meinem bescheidenen Heim. Sogar Garfield genießt gerade seinen Ausgang.

Jedenfalls trägt daran nur aber auch nur Mag. Elisabeth Lugner die Schuld, denn sie hat unsere Stunde auf Montag verschieben müssen, weil sie mittwochs einen wichtigen Arzttermin hat. Sie ist sich dessen sehr wohl im Klaren, dass ich es verabscheue, wenn man meinen Terminkalender durcheinanderwirft und trotz dessen hat sie sich nicht nach einem anderen Termin erkundigt. Dementsprechend abweisend war ich heute ihr gegenüber. Sie wird es verstehen müssen. So wie Marie verstehen musste, dass ich heute doch keine Zeit für sie finde, obwohl es ausgemacht war. Den Grund konnte ich ihr nicht nennen, denn sie weiß noch nichts von meinen Therapiestunden. Warum auch? Wir haben uns erst ein einziges Mal getroffen, in diesen wenigen Stunden, konnte ich ihr nicht von meinem ganzen Leben erzählen, geschweige denn von solch negativen Dingen. Schon alleine deswegen, weil ich auch etwas von ihr erfahren wollte. Für gewöhnlich bin ich ja eher der schüchterne Typ oder ruhig, ja ruhig passt besser. Schüchtern bin ich nicht, es ergibt für mich nur keinen Sinn, mit Menschen zu reden, die mich sowieso nicht verstehen. Aber Marie versteht mich. Sie versteht mich so gut, dass ich gerne nur bei ihr sein möchte. Leider scheint sie sich von mir nicht verstanden, noch nicht! Nächste Woche Montag ist unser zweites Treffen angesetzt und ich überlege bereits jetzt, wie ich sie von meiner Persönlichkeit überzeugen kann. Vielleicht will ich aber auch keine Beziehung. Ich meine, es wäre schon nett, nicht alleine diese Welt zu verlassen, keine Frage, aber im Moment fehlt mir nicht viel. Wäre Marie nur nicht so bezaubernd, würde mir die Entscheidung um einiges leichter fallen.

Über die Date-Einladung von 22. Mai hat Elisa übrigens bloß den Kopf geschüttelt, falls du dir darüber noch Gedanken gemacht hast. Wahrscheinlich nicht, schließlich bist du ein Buch ohne jeglichen Gefühlen (nimm's mir nicht übel). Ich werde langsam irre, dieses ganze Tagebuch schreiben liegt mir wohl nicht, aber ich habe von Anfang an nichts anderes erwartet.

Keine Sorge, du hörst trotzdem in ein paar Tagen wieder von mir.

12. Juni 2013

Mein liebes Tagebuch,

wovon kann ich dir heute berichten? Es ist wieder Mittwoch, der perfekte Tag, um Tagebuch zu schreiben. Ich muss gestehen, das wurde bereits zu einer gewissen Routine. Letzte Woche war es ganz ungewohnt für mich, nicht in dich zu schreiben – ich habe es nicht vermisst, bilde dir nichts darauf ein. Ich meine nur, dass … na ja, nicht so wichtig. Jedenfalls war ich heute wieder bei Elisa und sie hat sich zig Mal dafür entschuldigt, mein Date vermasselt zu haben. Nämlich hatte ich ihr nicht gesagt, dass ich ein Treffen mit einer hübschen Frau namens Marie geplant hatte, wahrscheinlich trage also doch auch ich die Schuld daran, dass es verschoben werden musste. Ich dachte einfach, dass meine Abscheu gegenüber der Verschiebung meiner Termine genug Grund sei, jede Therapiestunde immer mittwochs zu halten, ohne Ausnahme. Offensichtlich nicht. Jetzt weiß Elisabeth es und hoffentlich hat es sich in ihrem Gehirn eingebrannt, um weitere Unannehmlichkeiten zu vermeiden. Im Endeffekt hat sie sich sehr darüber gefreut, dass ich mich endlich mit jemandem treffe und nicht nur mit meinem runden und roten Kater zu Hause in meinem Fauteuil sitze.

· Des Weiteren hat sie mir angeboten, mein Tagebuch – also dich – nicht mehr zu lesen, wenn ich das wirklich nicht möchte. Du kannst gerne raten, welche Antwort ich gegeben habe, bevor du weiterliest. ... Keine, ich habe keine Antwort gegeben. Ich habe mit den Achseln gezuckt, so wie ich es gerne tue und den Kopf geschüttelt. Zwei Gesten, die man bei mir des Öfteren in Verbindung miteinander sieht. Jedesfalls bedeutet das bei mir, dass es mir egal ist oder sie freie Wahl hat – sie liest es also weiter (dich). Das stört mich nicht mehr.

Entschuldige mich kurz. ... Garfield macht mich wahnsinnig. Er zerkratzt mir regelmäßig das Sofa, obwohl direkt nebenbei sein riesiger (und nicht gerade billiger) Kratzbaum steht. Das kann doch nicht wahr sein. Ich habe ihn jetzt vor die Tür geschmissen, selbst wenn es gerade regnet (nicht stark, keine Sorge). Er soll sich wieder beruhigen und daraus lernen. Das wird er nicht, dessen bin ich mir sehr wohl bewusst. Rote Kater sind unbelehrbar, furchtbar.

Wo war ich stehen geblieben? Ach ja, Elisa liest weiterhin mein Tagebuch, aber mit diesem Thema war ich bereits durch. Ich wollte dir noch von meinem zweiten Date mit Marie erzählen, nämlich war es sehr schön und alles hat gepasst, nur leider hat mein unwiderstehlicher Charme sie nicht von mir überzeugen können. Was soll's? Es ist uns eben nicht vergönnt, dann werde ich das akzeptieren und mein Leben weiterleben. Schließlich war ich doch nicht so verliebt wie ich anfangs dachte.

Das Ganze hat jetzt eine trübe Wendung genommen, die ich so nicht beabsichtigt hatte. Nächstes Mal wieder mit mehr Elan.

Wiederschreiben!

16. Juni 2013

Liebes Tagebuch,

ich muss dir etwas gestehen; nämlich habe ich dir nicht immer die Wahrheit gesagt. Vielleicht kannst du es bereits ahnen oder hast es des Öfteren bemerkt (besonders in dem Eintrag, den ich mit hohem Fieber geschrieben habe). Zwischen mir und Mag. Elisabeth Lugner ist schon lange eine bestimmte ... Verbindung. Meine zweite Frau hat mich zum Ende unserer Ehe hin zu einer Therapie geschickt und seitdem bin ich hier, an Elisas Seite. Es hat sich damals schon etwas zwischen uns entwickelt, aber ich war verheiratet, weswegen nie jemand von uns etwas dazu sagte. Nach der Scheidung wollte ich sie auf ein Date ausführen, aber sie lehnte ab, mit der Begründung, dass es sich falsch anfühlen würde und wir nichts Engeres wie eine Beziehung eingehen sollten. Seitdem haben wir darüber kein Wort mehr verloren, es gab nur einen Kuss, doch das war naiv von mir und ist schon lange her. Wahrscheinlich habe ich dir nichts davon erzählt, weil ich wusste, sie würde es lesen. Diese äußert unangenehme Situation wollte ich vermeiden, denn sie ist mittlerweile schon zwei Jahre wieder in einer Beziehung.

Vielleicht fragst du dich jetzt, warum ich dir das denn genau jetzt erzähle, wenn unsere nicht vorhandene Beziehung bloß zum Scheitern verurteilt ist. Nämlich aus dem Grund, dass sie vorgestern mit ihrem Freund (Andrew, ein Amerikaner, knackige 39 Jahre alt, ich war nie eifersüchtig) Schluss gemacht hat und jetzt rate, aus welchem Grund. Mach dich gefasst. Sie hat bemerkt, dass sie ihr Herz vor Jahren bereits jemand anderem geschenkt hat und sich deswegen nicht mehr richtig auf Andrew einlassen kann. Es tat mir selbstverständlich sofort leid und alles, aber wozu um den heißen Brei herumreden? Du kannst dir denken, was sie anschließend gesagt hat. Ich sei derjenige (und dann hat sie mir noch einen ganzen Roman erzählt, über dass mein Missmut und diese Gereiztheit nie schlimm für sie waren und genau das an mir so liebenswert ist und so weiter und so fort). Zum Schluss hatte ich tatsächlich ein Lächeln auf den Lippen, denn auch ich habe sie nie auf diese Weise vergessen, sie war nicht nur meine Therapeutin, nie. Ich habe sie geküsst. Es sind keine fünf Stunden her, dass meine Lippen auf ihren lagen. Ein sehr berauschendes Gefühl, das ich seit langer Zeit nicht mehr gespürt hatte.

Ein weiterer Grund, warum ich es dir genau jetzt erzähle, ist, dass sie mir zum Schluss gesagt hat, dass sie mein Tagebuch nicht mehr lesen wird. Das nütze ich natürlich sofort aus und schreibe alles hinein, das ich vorher lieber nur im Stillen gedacht habe. Was das jetzt allerdings zwischen uns ist, haben wir nicht geklärt, weshalb ich dazu nichts sagen kann. Nächstes Mal habe ich dazu mehr Informationen und halte dich auf dem Laufenden.

Ansonsten ist nicht viel passiert. Der Geburtstag war so „megamäßig perfekt" wie Anna ihn sich vorgestellt hat und alle waren glücklich – besonders ich, dass Samuel sie rechtzeitig abgeliefert und dann wieder gefahren ist.

Bis zum nächsten Mal!

19. Juni 2013

Liebes Tagebuch,

ich bin im Stress. Meine älteste Tochter Anna hat heute ihren sechzehnten Geburtstag und wünscht sich von ihrer Mutter und mir natürlich, dass alles (ich zitiere) „megamäßig perfekt" wird. Wir versuchen ihr immer alles zu ermöglichen, was sie sich wünscht. Besonders seit der Scheidung hat sie uns fest im Griff, das gilt natürlich auch für die Kleine, nur hat ihre Mutter noch mehr das Sagen. Mich hat sie bereits oft um ihre kleinen Finger gewickelt – ich weiß, sie ist bereits zwölf und würde es alles andere als Gutheißen, dass ich so über sie schreibe. Wie gut, dass sie gar nicht von dir weiß, das hier ist unser kleines Geheimnis – mit Elisa, es tut mir leid. Irgendwann sind es nur noch wir zwei, versprochen.

So, jetzt bin ich wieder völlig abgeschweift, eigentlich wollte ich von dem Geschenk erzählen, das wir für Anna vorbereitet haben. Nämlich hat sie uns gesagt, dass sie den ganzen Tag mit ihrem Freund verbringen wird (ja, sie hat einen Freund, nein, ich weiß nach einem halben Jahr noch immer nicht wie ich dazu stehe, aber auf der anderen Seite, ist es ihr Leben und ich muss nicht alles dazu wissen) also werden wir die Zeit jetzt nützen und ihr einen schönen Filmeabend mit Freunden vorbereitet. Als wir ihr verboten haben, bei Samuel zu übernachten, hat sie selbstverständlich protestiert, aber viel kann sie gegen ein „Nein" nicht machen. Wir meinen es nur gut. Um halb acht kommen ihre Freundinnen und um punkt acht Uhr sollte sie von Sam nach Hause gebracht werden. Er weiß davon, also hält er sich hoffentlich an die vereinbarte Uhrzeit und sie verlieren sich nicht in der Zeit wie das manchmal mit Jugendlichen passieren kann. Stefanie, ihre Mutter, läuft andauernd ruhelos durch das riesige Haus, in dem ich vor Jahren ebenfalls gewohnt habe. Und ja, ich schreibe hier, weil es sich anders nicht ausgehen würde. Sogar meine Therapiestunde musste ich früher verlassen, weil meine Ex so einen Stress macht. Es wird schon alles gut gehen, sie kontrolliert schließlich alles dutzende Mal.

In dem Moment läuft meine liebe Ex-Frau an mir vorbei und bittet mich (un)höflich, dieses (ich vermeide Kraftausdrücke) schönes Buch endlich auf die Seite zu legen, um mit anzupacken. Ich verdrehe innerlich die Augen, denn ich bin mir sicher, sie würde es sehen und sauer werden. Jedenfalls weiß ich zwar nicht genau, was ich noch machen könnte, denn alles steht bereits perfekt; die bunten Girlanden, die Partyhüte, die weißen Plastikteller und Becher und zuletzt auch die verschiedengroßen Geschenke. Trotzdem werde ich dich jetzt zu Seite legen, damit sie keinen Grund mehr hat, auf mich sauer zu sein.

Nächstes Mal wieder mit einem aufregenderem Thema und mehr Zeit.

Bis Mittwoch in einer Woche!

03. Juli 2013

Liebstes Tagebuch,

nächstes Wochenende werden meine zwei Mädchen zu mir kommen. Die Ferien haben vor knapp fünf Tagen begonnen und es ist seit Jahren ausgemacht, dass sie über die Sommerferien bei mir sind. Ich schätze, dieses Jahr verändert sich ein wenig, weil Anna jetzt einen Freund hat, aber ich hoffe, sie bleibt auch ein paar Tage bei uns und wir ziehen die Tradition durch, jede Woche etwas Aufregendes zu machen. Letztes Jahr war ich das erste Mal in meinem Leben Bungee Jumpen, aber ich habe sehr klar verdeutlicht, dass wir das nicht dieses und auch kein folgendes Jahr wiederholen werden. Es war Horror, das kann ich dir sagen. Anna hat es genossen und Mia war noch zu jung – wäre sie auch noch und ist sie hoffentlich noch lange. Sollte sie das irgendwann wollen, wird ihre Mutter hinhalten müssen.

Jedenfalls wollte ich zum Anlass passend etwas über die Beiden erzählen, denn ich habe soeben bemerkt, dass du noch so gut wie nichts über sie weißt. Wenn ich in den nächsten Einträgen über sie erzähle, musst du wissen, wer wie heißt, wie alt sie sind, was sie mögen, was sie hassen, was sie lieben. Ja, es war ein Vorschlag von Elisa, meiner Freundin (ich gebe gerne an, das weißt du noch nicht über mich). Es weiß aber weder Anna noch Mia noch irgendjemand sonst davon Bescheid, nicht einmal Mike, dem ich sonst alles erzähle (was auch nicht besonders viel ist).

Anna ist mittlerweile sechzehn Jahre alt wie du wissen solltest. Sie hat rotes Haar (wie das sein kann, wissen wir auch nicht), das ihr beinahe bis zum Bauchnabel reicht. Ihre Mutter bittet sie immer wieder aufs Neue, dass sie ihre Haare nicht schneiden solle, denn sie seien so gesund und lang und ungewöhnlich schön. Mein Spitzname für sie ist ein liebevolles „Hexe" und ihre Mutter nennt sie ab und zu bei ihrem vollen Namen (Annabelle). Anna hat noch immer ein Kuscheltier, mit dem sie jede ihrer Nächte verbringt, aber es ist ihr peinlich, weswegen es niemand erfahren darf (außer Samuel). Dagegen habe ich nichts, denn als Elternteil finde ich es schön zu sehen, dass sie trotzdem noch mein kleines Mädchen ist, selbst wenn sie es nicht sein möchte.

Bei Mia ist das alles noch anders, sie ist erst zwölf und somit noch offiziell mein kleines Mädchen. Sie ist aus der zweiten Ehe, wir haben uns getrennt als sie acht Jahre alt war, aber sie hat uns mehrmals versichert, dass, solange sie uns beide regelmäßig sehen darf, es kein Problem für sie darstellt. Mia hat schulterlanges, braunes Haar und sieht somit ihrer Mutter sehr ähnlich, aber das war nie ein Problem für mich. Sie ist noch ein aufgewecktes, neugieriges Kind, ich wünsche mir immer für sie, dass das so bleibt – auch noch nach der Pubertät.

Das war's eigentlich. Hoffentlich haben sie mich bis zum nächsten Mal nicht bereits ausgelaugt und ich bin noch imstande meine Füllfeder zu halten.

Ich melde mich, auf Wiederschreiben!

10. Juli 2013

Tagebuch,

hier ist im Moment einiges los, aber auch gleichzeitig so wenig. Anna hat dich gelesen und somit auch den Eintrag mit Elisa – das war heute, während ich bei ihr in der Therapiestunde war. Sie hat dich auf dem kleinen, runden Tisch im Wohnzimmer liegen sehen, schließlich bist du ein gewöhnliches Notizbuch, ohne Schloss oder sonstiges (das könnte ich vielleicht noch einmal überdenken). Jedenfalls weiß sie jetzt von der Beziehung mit Elisa und ist, als ich heimgekommen bin, sauer an mir vorbeigerauscht, um in das Auto ihres Freundes zu steigen. Ich habe versucht, ihnen nachzurufen, aber Samuel kann ganzschön hartnäckig sein, wenn es um Anna geht. Sehr gerne hätte ich es ihr erklärt und mit ihr gesprochen. Es ist mir gleich, ob sie meine Einträge gelesen hat, besonders interessante Dinge stehen hier sowieso nicht, aber danach einfach abzurauschen, ist nicht akzeptabel und kein erwachsenes Verhalten. Sie kann sich was anhören, wenn sie heimkommt und ich hoffe, das wird sie, damit ich ihre Mutter nicht einschalten muss, die folglich ebenfalls von der Beziehung erfährt und im schlimmsten Fall zu Anna hält. Nein, danke.

Mia im Gegensatz hat heute lange geschlafen und den ganzen Trubel nicht ansatzweise mitbekommen. Im Moment sitzt sie neben mir am Boden und richtet Monopoly her, denn das ist ihr Lieblingsspiel, wir spielen es fast täglich, wenn sie hier ist – normalerweise mit Anna. Diese Woche ist und wird wohl nichts Spannenderes als Monopoly mehr passieren. Ohne Anna unsere Tradition zu meistern ist eintönig und langweilig und mit Elisa kann ich mich wegen Mia (und Anna) nicht treffen. Besonders jetzt nicht, wo Anna so sauer auf (mich) uns ist. Es wird wohl vorerst beim einfachen Herumlungern bleiben.

Auf alle Fälle konnte mich Mag. Elisabeth Lugner heute nicht so wie sonst therapieren, obwohl ich (buchstäblich) an ihren Lippen hing. Ich hoffe, sie schlägt nicht vor, dass ich die Therapeutin wechsle, damit der große (nicht vorhandene) Lerneffekt nicht verloren geht. Das wäre zwar ein Jammer, aber nach jahrelanger zusammenarbeit mit Elisa wäre das unvorstellbar, mich jemand anderem so zu öffnen. Wahrscheinlich hat es deswegen auch nicht mit Marie funktioniert. Ich konnte mich ihr so nicht öffnen wie

Elisa es bei ihrem Ex-Freund nicht konnte. Jetzt verstehe ich sie.

Aber damit will ich dich nicht weiter langweilen, sondern spiele jetzt mit Mia Monopoly, damit ich mich am Ende wieder gedemütigt in mein Zimmer verziehen kann. Sie schlägt mich jedes einzelne Mal und ich verstehe nicht, was sie für Tricks auspackt, um das zu schaffen (reines Schummeln sage ich dir).

Ich melde mich nächste Woche, Wiedersehen!

17. Juli 2013

Liebes Tagebuch,

ich habe mich ganzschön in die Sch… geritten. Anna ist den nächsten Tag mit einer Erpressung nach Hause gekommen. Entweder wir gehen nächste Woche in das riesige Einkaufszentrum in der Nähe „shoppen" oder sie petzt die Beziehung Mia und ihrer Mutter. Nicht, dass mir das allzu viel ausmachen würde, aber das hätte ich doch gerne selbst in der Hand. Ich konnte auf einen Kompromiss aushandeln. Nämlich, dass ich das ganze zuerst mit Elisa bespreche und das habe ich heute Vormittag auch getan. Sie wusste davon, dass Anna dich gelesen hat und doch war sie geschockt über die Erpressung – ich auch, muss ich zugeben. Dass meine älteste dazu imstande ist, war mir nicht bewusst gewesen. Ich bin mir sicher, damit hat Samuel etwas zu tun, es war seine Idee.

Jedenfalls haben Elisabeth und ich uns darauf geeinigt, mit Anna und Mia heute Nachmittag in das Donauzentrum shoppen zu gehen. Ich weiß, das wird ein Horror. So viele laute Menschen, die

dort hektisch herumlaufen, um das letzte Klei-
dungsstück im Abkauf zu ergattern. Überhaupt
nicht meins, aber was anderes bleibt mir wieder
einmal nicht übrig und für meine Kinder mache
ich das doch gerne … würde ich nicht alles bezah-
len müssen. Ich habe sofort klargemacht, dass es
Grenzen gibt und ich ihnen kein Kleid um tau-
senden von Euro kaufen werde, selbst wenn
Anna kommenden Jänner einen Schulball hat.
Ich hoffe, Elisa wird mit ihnen herumrennen und
ich setze mich irgendwo auf eine Bank, um die
wahnsinnigen Jugendlichen beobachten zu können. Das wird ein Spaß, solange Anna vorerst
nicht mit mir spricht. Das darf sie erst wieder,
wenn wir sicher zu Hause angekommen sind.

Jetzt bekommst du noch ein schnelles Update
über die Beziehung zwischen Elisa und mir, denn
bis auf, dass wir von meiner Tochter erpresst
werden, ist auch noch anderes passiert. Sie hat
mich gefragt, ob sie zu mir ziehen kann. Ich
weiß, es ist früh, wir sind noch nicht einmal richtig ein Paar, aber wir kennen uns schon eine sehr
lange Zeit, weswegen es sich alles andere als
falsch anfühlt. Es ist auch noch nicht sicher und
alles, es war bloß eine Überlegung, die wir nicht
sofort wieder von der Bildfläche schieben. Jetzt
würde es sowieso nicht sofort funktionieren. Die

Kinder sind bei mir und Elisa zieht gerade in ihre neue Wohnung ein, weil ihr Ex sie rausgeschmissen hat (er ahnt, dass die Trennung meinetwegen ist).

Ich kann mich jetzt wohl nicht länger davor drücken, sondern muss dich zur Seite legen und den langen, anstrengenden Weg durch das Einkaufszentrum antreten. Wünsch mir Glück.

(Hoffentlich) auf Wiederschreiben!

24. Juli 2013

Mein liebes Tagebuch,

ich habe es überlebt! Ich habe das Shoppen mit drei Frauen überlebt, sogar gesund und heil. Ohne Elisa wäre das aber alles anders gelaufen, dessen bin ich mir sicher. Ich habe sogar weniger Geld ausgegeben als ich zuerst erwartet hätte. Dafür haben mir im Nachhinein die Arme wehgetan, denn diese Einkaufstaschen können schwerer sein als man zu glauben vermag.

Für diese Woche ist Klettern geplant, dieses Mal wo ganz anders als sonst, nämlich in Gänserndorf. Dort gibt es einen Erlebnispark mit Klettermöglichkeiten. Hoffen wir, dass es dort aushaltbar ist, denn alle letzteren Kletterversuche gingen alle mehr oder weniger in die Hose. Ich gestehe mir ein, dass ich bis zu einem bestimmten Grat Höhenangst habe, nicht schlimm, nur ... ein wenig. Jedenfalls wird auch das Wetter schön und wir haben gemeinsam (Anna, Mia und ich) beschlossen, dass Elisa uns begleiten darf. Mia weiß von uns, wie du dir vielleicht schon denken konntest. Auch für sie stellt unsere Beziehung kein Problem für sie dar, weshalb mir ein Stein vom Herzen gefallen ist, wie man so schön sagen kann. Die wichtigsten zwei akzeptieren unsere Beziehung, also steht uns fast nichts mehr im Wege.

Heute war ich trotz dessen bei Mag. Elisabeth Lugner (witzig, das ist meine Freundin), viel konnten wir nicht besprechen. Nicht weil wir mit anderem beschäftigt waren, sondern schlicht und einfach, weil ich bereits außerhalb dieser Therapiestunde mit ihr spreche. Sie weiß, was in meinem Leben los ist. Diese Stunde wird hinfällig, ich brauche sie nicht mehr.

Von zwei Dingen wollte ich dir noch erzählen, nämlich erstens; nächste Woche geht es in den Prater in Wien. Ich muss davon ausgehen, dass du weißt, was er ist, denn ich werde mir jetzt nicht die Mühe machen, um ihn dir zu erklären. Ich kann nur sagen, dass ich hoffe, heil wieder zurück zu sein, um dir wieder zu schreiben, denn da bin ich mir unsicher. Achterbahnen sind nichts für mich, mir wird schlecht und das für die nächsten paar Tage. Ich verstehe nicht, wie man damit freiwillig fahren kann und es einem auch noch Spaß macht. Vielleicht kann ich mich still und heimlich davonschleichen, ohne dass weder

Anna noch Mia noch Elisa etwas davon mitbekommen.

Die zweite Sache, von der ich dir erzählen wollte, ist, dass ich bei der Hälfte dieses Buches angekommen bin. Die Zeit ist wie im Flug vergangen und hat die Seiten ohne jeglichen Aufwand gefüllt. Das ist beeindruckend und ich muss mir eingestehen, dass es mir tatsächlich gutgetan hat. Es hat sich einiges verändert in den letzten Monaten, aber damit will ich dich jetzt auch nicht länger langweilen.

Dieser Eintrag ist relativ chaotisch, ich hoffe, das nimmst du mir nicht allzu übel. Nächstes Mal ist es wieder strukturierter ..., wenn ich denn da imstande bin, meine Füllfeder in die Hand zu nehmen und etwas niederzuschreiben. Hoffen wir's.

Du hörst von mir!

31. Juli 2013

Liebstes Tagebuch,

heute muss ich dir leider eine traurige Nachricht mitteilen, aber zuerst das Positive. Den Prater habe ich gut überstanden, ich wusste nicht, dass Kopfschütteln ausreicht, um meine zwei Mädchen davon zu überreden, dass die Achterbahn ohne mich lustiger ist. Definitiv eins zu null für mich. Andererseits wusste ich auch nicht, dass Elisa das Problem werden würde. Sie hat mich für eine der kleineren Achterbahnen überredet und die war aber auch gar nicht so schlimm wie ich sie mir vorgestellt habe. Ich habe geschrien als wäre jemand hinter mir her, aber im Nachhinein hätte ich ein weiteres Mal fahren können. Leider hatten die Damen schon zu großen Hunger, um dem alten Herren eine weitere Fahrt zu vergönnen – darüber bin ich nicht traurig.

Wir sind auch eine Runde mit dem Riesenrad gefahren, das war mein erstes Mal. Dort ganz oben war es still. Nichts außer das Pfeifen des Windes oder das Knarren des Gestells (das mir zugegeben etwas Angst eingejagt hat), aber das waren bloß Hintergrundgeräusche. Die Gedanken des letzten Eintrags sind mir wieder durch den Kopf gegangen. Dass sich mein Leben in den letzten Monaten verändert hat und dass so auch ich mich verändert habe. Ich habe die Vermutung angestellt, dass ich nicht mehr allzu schlecht gelaunt bin (auch wenn ich immer noch der Meinung bin, dass ich das vorher ebenso nicht war) und das liegt an Elisa. An dir natürlich auch, ohne dich wäre vieles anders verlaufen und ich wäre mit vielen Dingen anders umgegangen. Ich gebe also zu, meine Gedanken niederzuschreiben, hilft in gewisser Weise (mein Ich von vor drei Monaten schüttelt amüsiert den Kopf). Als wir mit dem Waggon ganz oben angelangt sind, hatten wir einen wunderschönen Ausblick über ganz Wien. Das war einer der schönsten Momente meines Lebens.

Und damit gehe ich zur schlechten Nachricht über. Nämlich habe ich während dieser einen Runde auf dem Riesenrad ebenfalls beschlossen, dass das hier heute mein letzter Eintrag sein wird. Es hat mir sehr geholfen, ja, aber genau deswegen weiß ich, dass ich jetzt aufhören sollte. Wenn es am schönsten ist, soll man aufhören, nicht? Ich weiß nicht, ob es der letzte Eintrag für immer oder nur eine kurze oder lange Weile sein wird, aber vorerst lege ich dich (mein bordeauxrotes Notizbuch) in die Schublade meines Schreibtischs und genieße meine kommenden Mittwoche, ohne mit dir in meinem aschgrauen Fauteuil zu sitzen und meine Gedanken zu notieren. Elisa habe ich davon noch nichts erzählt, ich weiß nicht, was sie davon halten wird, aber meine Entscheidung ist gefallen. Wenn es mir irgendwann in meinem Leben wieder schlechter gehen wird, melde ich mich ... vielleicht auch einfach, wenn mir danach ist.

Es war schön, Adieu!

25. Dezember 2013

Mein liebes Tagebuch,

ich bin zurück! Keine fünf Monate ist es her,
dass ich mich von dir verabschiedet habe und
nein, mir ist nicht einfach danach, mich wieder
zu melden, was keinesfalls bedeutet, dass es mir
so schlecht geht und ich wieder deine Hilfe benö-
tige. Im Gegenteil, mir geht es so gut wie noch
nie zuvor und ich möchte mein Glück irgendwo
niedergeschreiben, um in ein paar Jahren darauf
zurücksehen zu können. Elisa (ja, wir sind immer
noch ein Paar und werden es auch künftig noch
sein, dazu nachher mehr) hat mir diesen Vorschlag gemacht. Sie hat gesagt, dass ich nicht nur
schlechte Gedanken notieren kann oder soll,
sondern auch gute und positive, die mich glücklich machen. In letzter Zeit bin ich sehr gesprä-
chig geworden, denn ich möchte jedem von meinem Glück erzählen. Stattdessen schreibe ich
jetzt alles hier nieder, denn meine Mitmenschen
sind mittlerweile auf sonst ungewöhnliche Weise
genervt von mir.

Elisa und ich sind verlobt, aber nicht grundlos. Also natürlich, wir lieben uns und das alles, aber wir erwarten außerdem noch ein Kind, ein Mädchen. Ich werde in weniger als sieben Monaten dreifacher Papa von ausschließlich Mädchen. Ich hätte nicht mehr daran geglaubt, dass sowas passiert, aber es ist so und ich habe nichts dagegen einzuwenden. Es ist außerdem Elisas erstes Kind, wenn man Anna und Mia nicht mitrechnet. Ich freue mich, sie freut sich, Anna und Mia freuen sich, sogar Stefanie freut sich und hat bereits angeboten, für uns auf die Kleine aufzupassen, obwohl sie noch nicht einmal das Licht der Welt erblickt hat und nichts sicher ist (ich möchte nicht pessimistisch klingen, sondern alles in Erwägung ziehen, um später nicht enttäuscht zu werden). Scheinbar habe ich mich doch nicht so verändert wie ich dachte. Aber ich kann sagen, dass ich glücklicher bin. Meine Persönlichkeit hat damit nicht viel zu tun.

Des Weiteren wollte ich dir noch mitteilen, dass ich den Mittwoch in meinem Fauteuil und dem bordeauxroten Tagebuch wieder einführe. Mit Garfield selbstverständlich, den habe ich natürlich nicht vergessen. Wenn man sein Alter in Menschenjahre umrechnet, ist der Stubenhocker älter als ich. Heute auf den Tag werde ich ganze 47 Jahre alt (ja, es ist mein Geburtstag und ja, ich bin Steinbock, das sagt mir meine sechzehnjährige Tochter regelmäßig).

Mit mehr will ich dich heute auch gar nicht langweilen, ich schreibe dir Mittwoch in einer Woche wieder und gehe jetzt zurück zu meiner Familie, um zu feiern.

Auf Wiederschreiben! (Ich gebe zu, das habe ich vermisst und ich weiß mittlerweile selbstverständlich, dass Tagebuch schreiben doch kein Schwachsinn ist.)

Désirée R. Wagner

In Österreich nähe Wien geboren und aufgewachsen. Schreibe sehr gerne verschiedenste Geschichten und genieße es, meine Fantasie somit immer wieder auf Papier zu bringen und andere damit zu verzaubern oder ein Lächeln zu entlocken.

Alle Storys von Désirée R. Wagner zu finden auf
www.story.one

schreib's auf
story.one

Viele Menschen haben einen großen Traum: zumindest einmal in ihrem Leben ein Buch zu veröffentlichen. Bisher konnten sich nur wenige Auserwählte diesen Traum erfüllen. Gerade einmal 1 Million publizierte Autoren gibt es derzeit auf der Welt - das sind 0,013% der Weltbevölkerung.

Wie publiziert man ein eigenes story.one Buch?

Alles, was benötigt wird, ist ein (kostenloser) Account auf story.one. Ein Buch besteht aus zumindest 15 Geschichten, die auf story.one veröffentlicht werden. Diese lassen sich anschließend mit ein paar Mausklicks zu einem Buch anordnen, das sodann bestellt werden kann. Jedes Buch erhält eine individuelle ISBN, über die es weltweit bestellbar ist.

Auch in dir steckt ein Buch.

Lass es uns gemeinsam rausholen. Jede lange Reise beginnt mit dem ersten Schritt - und jedes Buch mit der ersten Story.

#livetotell